L^{27}n 14942.

ÉLOGE FUNÈBRE

DU

R. P. MARIE-JEAN-BAPTISTE MUARD.

APPROBATION.

Nous, MELLON JOLLY, par la Miséricorde divine et la grâce du Saint-Siége Apostolique, Archevêque de Sens, Évêque d'Auxerre, Primat des Gaules et de Germanie, etc.;

Avons lu avec bonheur l'éloge funèbre du R. P. MUARD, prononcé le 11 Juillet, dans l'église de Pontigny, par le R. P. Massé, de la société des Pères de Pontigny, et, par ces présentes, en autorisons l'impression.

Donné à Sens, sous notre seing, le sceau de nos armes et le contreseing du Secrétaire général de notre Archevêché, le 31 Juillet 1854.

† MELLON, *Archevêque de Sens.*

Par ordonnance de Mgr l'Archevêque,

SICARDY, *chan. secr.*

ÉLOGE FUNÈBRE

DU RÉVÉREND PÈRE

MARIE-JEAN-BAPTISTE MUARD

FONDATEUR DE LA SOCIÉTÉ DES PÈRES DE PONTIGNY
ET DU MONASTÈRE DES BÉNÉDICTINS DE SAINTE-MARIE
DE LA PIERRE-QUI-VIRE

PRONONCÉ

DANS L'ÉGLISE DE PONTIGNY

LE 11 JUILLET 1854

PAR

LE R. P. L.-F. MASSÉ

DE LA SOCIÉTÉ DES PÈRES DE PONTIGNY.

SENS

IMPRIMERIE ET LIBRAIRIE DE Ch. DUCHEMIN

IMP. DE MGR. L'ARCHEVÊQUE ET DU CLERGÉ.

1854

Mes Frères,

Dieu, dans tous les siècles, envoie à son Église des hommes qui répondent aux besoins et aux aspirations de leur temps; or, parmi ceux qu'il donna, de nos jours, à l'Église de Sens, pour réparer ses désastres, raviver sa foi, et réveiller les échos trop longtemps endormis du dévouement, il en est peu dont la vie, la mort et la mémoire aient montré d'aussi grands exemples, apporté d'aussi généreux secours, laissé des traces plus profondes, un plus large vide et un deuil plus général, que la vie, la mort et la mémoire du R. P. Marie-Jean-Baptiste Muard, très-bon, très-doux, très-humble, très-aimé de Dieu et des hommes. Voilà ses titres, ils sont assez beaux pour que nous n'en cherchions pas d'autres à nos éloges.

Si la voix du peuple qu'on peut appeler ici la voix de Dieu, lui donne le plus beau nom qui se prononce sur la terre, le proclame saint, et lui reconnaît un mérite extraordinaire, ce mérite, il ne le doit, ni à sa naissance, ni aux postes qu'il a occupés, ni même à la splendeur d'un esprit sans doute distingué, mais dépourvu de cet éclat supérieur qui appelle les regards, ni à aucune de ces dotations extérieures qui commandent l'admiration des contemporains; eut-il possédé tous ces dons sans la piété qui les transfigure et les sanctifie, qu'en présence de la tombe et à la vraie lumière de Dieu, l'Église ne me permettrait pas de le louer; car l'Église ne loue et ne couronne ni la beauté du génie, ni la beauté du corps, ni l'éclat du sang, ni le succès, elle ne couronne que la sainteté. Toutes ces grandeurs que les hommes décorent de si beaux noms, recouvrent une trop profonde inanité, la mort en fait une trop prompte et trop terrible justice, pour que je vienne en présence des autels, m'inscrire en faux contre ses inexorables jugements.

Mais ce que Dieu, l'Église et la mort, louent et couronnent également, c'est cet assemblage des vertus cimentées, vivifiées du sang de Jésus-Christ, que dans le langage catholique nous nommons excellemment la sainteté. Tout le mérite de notre vénéré Père est là, en Dieu et dans la sainteté. Il fut aimé, béni, il est pleuré, son nom invoqué est sur toutes les lèvres, dans tous les cœurs, non parce qu'il a eu beaucoup d'esprit, beaucoup de science, beaucoup d'honneurs, mais parce qu'il a été un saint, et qu'il a consacré tout son cœur, toute son âme, toutes ses forces au service de Dieu et au service des hommes pour l'amour de Dieu.

Puisqu'il m'est permis d'apprécier cette belle existence qui vient de s'éteindre sur la terre pour retourner plus brillante au ciel, je ne saurais vous en donner une plus juste idée, ni en tirer des leçons plus salutaires, qu'en vous montrant en elle les deux grands caractères de la sainteté : dévouement à Dieu, dévouement aux âmes, jusqu'au mépris, à la mort de soi-même. Voilà les deux versants de cette vie à la fois si simple et si grande. Je viens, dans cette solennelle réunion, la méditer avec vous, parce qu'elle peut nous édifier tous, Prêtres et peuple, parce que notre Diocèse lui doit un hommage public. J'y viens aussi pour acquitter un devoir sacré de reconnaissance et de piété filiale. O père! ô maître! ô ami! ô compagnon d'apostolat! Pardonnez à ma bouche de vous donner, après votre mort, des louanges qui vous eussent fait horreur pendant votre vie. Si je raconte vos vertus, c'est pour glorifier Dieu que vous avez tant aimé et qui vous a revêtu, dès ce monde, d'un rayon de sa bonté et de sa gloire, c'est aussi pour que nous puisions tous, dans votre mémoire féconde, un zèle que rien ne décourage, et un dévouement qui ne connaisse, comme le vôtre, d'autre fond et d'autre rivage que le tombeau!...

Le premier bonheur de la vie et le don par excellence de Dieu, c'est une âme bonne et qui s'incline vers le bien de son propre poids. Rien ne semble manquer à cette grâce première, lorsque l'homme si heureusement doué, trouve dans le sang, dans l'âme, dans l'éducation d'une mère chrétienne, ces premiers germes de piété qui plus tard s'épanouiront avec éclat sur sa vie. Ah! ceux-là sont heureux qui naissent ainsi à la hauteur des plus grands sacrifices; vases d'honneur et d'élection, chez eux le dévouement se trouve un des instincts les plus puissants et comme l'aspiration naturelle de leur cœur. Mais c'est un bonheur lourd à porter, car plus sont extraordinaires les talents confiés, plus il faut, pour les faire valoir dignement, mettre dans leur culture, de larmes, de sueur et de sang : combien peu savent répondre à ces grandes avances, et porter, sans fléchir, le poids de cette riche dotation! Aussi, lorsque vient la mort dont le jugement est bon, ceux qui ont réussi dans cette difficile tâche, se trouvent-ils investis, à leur insu, d'une splendeur qui est l'aurore du ciel. Tel fut le privilége de notre Père vénéré. Il reçut de Dieu une âme magnifiquement douée, et de sa mère chrétienne un sang dès longtemps purifié dans la sainteté. Toutefois, je ne le louerais pas de ce double bienfait, tout gratuit, s'il ne l'avait fait fructifier au centuple. Ah! M. F., ne croyez pas que Dieu fasse, seul, tout dans ses saints; qu'il y a des bonheurs qui coûtent cher! Il y a entre le berceau et cette tombe, que quarante-cinq ans séparent à peine, des combats, des sacrifices, des calices amers dévorés avec courage, des agonies qui eussent suffi à remplir une existence d'un siècle, et dont le ciel seul a connu l'amertume et l'héroïsme. Dieu lui a beaucoup donné, mais il lui a beaucoup et toujours demandé, et il eut le rare bonheur de n'avoir jamais dit non, à Dieu. Heureux l'homme qui peut se coucher dans le cercueil sans avoir jamais répondu non, à Dieu, sollicitant de lui un sacrifice!

Si nous ne considérions de cette vie que le côté qui regarde Dieu, nous n'en connaîtrions que la moitié généreuse, nous laisserions dans l'ombre le côté le plus aimable, sinon le plus lumineux, son excessive bonté, sa charité pour les âmes. Dans les grands amis de Dieu, il est rare qu'au dévouement à leur Père du ciel ne s'allie pas le dévouement aux ames, ce sont deux fruits qui mûrissent sur la même tige. Pourtant, parmi les saints, il en est chez qui la charité des âmes, toute vive qu'elle soit, n'occupe pas toutes leurs forces, n'est pas la passion dominante de leur vie. Ils aiment, ils prient, ils s'immolent, ils meurent dans le secret de Dieu. La terre ne sait rien de leur passage, n'a rien goûté de leur présence, n'a jamais ressenti ces tressaillements que produit l'apparition d'un apôtre revêtu du prestige de Dieu.

Il n'en fut pas ainsi de notre aimable Père. Les deux passions que vous verrez dès ses premières années s'allumer dans son cœur et qui dévoreront sa vie, furent la passion de Dieu et la passion des âmes. Visiblement prédestiné au service des âmes, il vint au monde investi de cette séduction qui est l'appât des cœurs. Cette bonté que Dieu dépose au fond des entrailles de l'homme en le créant, il en dépose une plus large et plus abondante part dans ceux qu'il s'associe pour collaborateurs au salut du monde, et il ne se contente pas de la mettre au fond de leur cœur, il la répand sur toute leur personne. Notre Seigneur Jésus-Christ s'en est revêtu, lorsqu'il voulut paraître au monde pour le sauver; il en a embelli toutes les pages de l'Évangile qu'il envoyait aux hommes ; il en a fait le cachet de la loi nouvelle, et depuis le Calvaire, depuis cette apparition de la bonté incarnée, toute langue humaine, quand elle nomme Dieu, l'appelle d'un nom populaire inconnu de l'antiquité, elle l'appelle le bon Dieu, parce que la bonté fut le rayon principal, le trait saillant de cette divine physionomie. Aussi la bonté est-elle le signe de ceux que Dieu charge de la médiation assidue entre lui et les hommes, ou qu'il établit législateurs des âmes. Moïse fut un homme très-doux par-dessus tous les hommes : *Fuit vir Moyses mitissimus super omnes homines.* Et le prophète s'écriait : *Souvenez-vous, Seigneur, de David et de toute sa douceur.* Or, nous n'aurons pas même besoin de creuser dans cette vie qui va s'ouvrir à nos regards, pour y découvrir la source de la bonté, elle est à la surface, elle jaillit toute vive, non seulement du cœur de l'apôtre, mais de ses lèvres, de son front, de son sourire, de ses yeux. Et ce don gratuit qui eut pu demeurer sans mérite pour lui, stérile pour les autres, il sut le féconder, le diviniser, par l'abnégation constante, le mépris continuel de lui-même, et s'en faire un sublime dévouement. La bonté dans sa plénitude se retrouve tous les jours, à toute heure, dans tous ses actes, mais embaumée par cet arôme divin qui empêche les qualités humaines de se corrompre, et transforme la bonté naturelle en charité divine. Laissons plutôt sa vie nous raconter, d'une part, son amour, ses sacrifices, son dévouement à Dieu, et de l'autre son amour, ses sacrifices, son dévouement aux âmes; cette vie belle et douce, mais sublime et ardente comme une page de l'Évangile, nous les redira assez haut, sans que j'aie besoin de rien ajouter à l'éloquence des faits.

Dès ses premières années, le R. P. Marie-Jean-Baptiste Muard, ressentit le mystérieux besoin de se donner à Dieu et aux hommes le plus possible et toujours davantage, et ce sentiment qui a grandi jusqu'à sa mort, a été la double pensée fixe et féconde sa vie. Né dans un temps et dans un pays où le dévouement sous sa forme la plus populaire, je veux dire sous l'humilité de l'habit religieux, était inconnu ou voué au mépris, où l'on ne pouvait prononcer le nom de moine et de missionnaire, sans provoquer le rire inepte ou la répulsion du préjugé, cet enfant béni, à dix ans, rêvait le bonheur de se consacrer à Dieu pour mieux servir les âmes. D'où lui vient une telle révélation à un âge si tendre, sans doute du ciel et de son cœur généreux, car la terre où il croissait n'en parlait pas; c'est sous l'impression de ce précoce instinct du dévouement, qu'il commença ses premières études. Modèle aimable, il captive dans l'attrait de Dieu ses amis premiers de la vie, qui gardent de sa piété un impérissable souvenir. Déjà son amour de Dieu se révèle avec le zèle qui en est la flamme, et son enfance se couvre des fleurs qui promettent abondamment les fruits de sa maturité. Il ne se contente pas d'une piété égoïste et solitaire; essentiellement expansif comme l'amour, il a besoin de verser à d'autres la surabondance de charité qui déborde de son cœur. Il s'associe des amis de choix, ils forment une conjuration de zèle et de vertu qui porte encore ses fruits; à jour et heure fixes, ils se réunissent pour parler de Dieu, et quand ils ont réchauffé leur âme à ce foyer commun, ils se répandent et vont porter aux plus indifférents de leurs condisciples, le feu qui les embrase. C'est ainsi que cette parole déjà bonne et bien accueillie, s'essayait à l'apostolat. Aimables prémices, je ne pouvais vous taire. Je ne pouvais vous dérober à vous, M. F., le doux spectacle de ces adolescents, qui, à l'insu de leurs maîtres et dans le secret de Dieu, se nourrissent d'amour et de dévouement, et se préparent à une vie qui ne démentira pas de telles espérances.

Cependant les années descendent, et le feu de la charité continue ses heureux ravages dans cette âme élue qui touche le seuil de la jeunesse. Il entre à pleines voiles dans ces généreuses années, où l'homme qui porte un grand cœur dans une poitrine chrétienne, se sent tourmenté du besoin infini de se donner. Il sera prêtre, c'est décidé dès longtemps entre Dieu et lui : ils ont déjà conclu ensemble ces pactes secrets que dicte l'amour, et c'est entre eux pour l'éternité : quel but plus magnanime eût-il donné à sa vie! quelle cause plus grande eût-il voulu servir, quelle œuvre meilleure sur la terre et quel dévouement eussent davantage satisfait sa soif d'immolation. Non, nulle autre espérance, nul autre amour n'ont fait battre son cœur!

C'est vers ce temps, dans les années de son noviciat au sacerdoce, qu'éclata violemment une ambition née avec lui, qui a tourmenté plus de la moitié de ses jours et a dévoré le reste. L'amour qui l'embrasait se fit une issue vers les missions étrangères. Il n'y eut jamais sur la terre d'ivresse, jamais de délire d'amour poussé plus loin que son désir d'aller consumer ses forces au salut de ces âmes perdues dans des régions inconnues de l'histoire. Il disait, dans la simplicité de sa foi : Si Dieu m'eût proposé le choix entre le Paradis et les missions étrangères, j'aurais répondu : Seigneur, d'abord des âmes! que je verse toutes mes sueurs, tout mon sang pour vos âmes, et puis le ciel après! Il n'y a que les saints qui aient pu penser, parler ainsi. Ah! consumer sa jeunesse, sa vie dans ces apostolats obscurs et lointains, où le zèle est au large et le cœur à l'aise, où les œuvres ne sont vues que de Dieu, et puis mourir martyr! C'était sa soif. Mourir martyr! Qui ne l'a entendu en exprimer le désir et l'espérance. S'il n'y a pas, au témoignage de Jésus-Christ, de plus grande charité que de donner sa vie pour ce que l'on aime, on peut dire qu'il eut la charité parfaite, car il a voulu mourir pour Dieu et pour les âmes, il l'a voulu tous les jours de sa vie, et, illusion d'un amour généreux! il est mort sans avoir cessé de l'espérer!

Il fut fait prêtre; le jour du sacerdoce c'est le jour des grandes joies et des grands sacrifices! Ceux qui ont goûté les unes et les autres, peuvent soupçonner ce qui se passa dans son cœur! Il fut, malgré ses répugnances, envoyé successivement dans deux paroisses, qui garderont de son passage trop rapide un souvenir éternel. On pleura sur son départ comme on pleure sur la mort d'un fils unique.

Mais vainement il donnait carrière à son zèle et s'associait des confrères pour s'encourager au travail et à la piété, son zèle étouffait, resserré dans un espace trop étroit pour son ardeur. Et puis le propre des passions, viles ou généreuses, c'est de croître toujours et de devenir insatiables. Il n'avait pas plutôt fait un don à Dieu, que la soif de se donner augmentait. O soif sacrée de Dieu! à quels sublimes excès ne poussez-vous point les âmes!

Aussi, sous le voile d'habitudes simples et vulgaires, ce jeune homme cachait déjà d'immenses austérités, et pour consoler son amour, il nourrissait toujours l'espérance de se dévouer aux âmes dans les missions étrangères. Combien de fois n'écrivit-il pas au premier pasteur pour solliciter de lui son départ. Il ne pouvait plus lire les annales de la propagation de la foi ; le récit des souffrances des martyrs, des travaux apostoliques, excitait en lui de si violents désirs et de si vifs élans qu'il tombait en défaillance. Nul obstacle au monde n'eût arrêté ses pas, si ce n'eût été la crainte d'offenser Dieu en désobéissant à son évêque. Lorsqu'il assistait sa mère mourante, cette sainte femme lui disait en pleurant : Il me reste un regret à mes derniers moments, je crains que mes larmes ne vous aient empêché d'aller dans les missions étrangères. Il répondit : Ne vous reprochez rien, ma mère, vos larmes étaient pour moi une cruelle douleur, jamais elles ne furent un obstacle. Son âme aimante était noyée d'inexprimables amertumes, lorsque, pour obéir à l'appel de Dieu, il se sépara souvent de ceux qu'il aimait le plus sur la terre, de ses paroisses et de sa famille ; parfois les larmes éteignirent sa voix, jamais elles ne purent éteindre son amour et son courage.

Cependant son zèle ne lui laissait pas de repos, ne pouvant trouver d'issues vers les lointaines régions, il se tourna vers d'autres terres et d'autres âmes, tout aussi dignes de sa compatissante charité. Il espérait que son Évêque, s'il ne le laissait partir au-delà des mers, lui permettrait au moins d'exercer dans son diocèse le ministère apostolique, et d'y pratiquer la vie religieuse que réclamait son désir de la perfection.

C'était vers le milieu du dernier règne, le seul nom de congrégation religieuse soulevait de nombreux préjugés; des esprits peut-être sincères, mais alors prévenus, ne leur épargnaient ni les déboires, ni les reproches, et leur créaient des entraves dont eux-mêmes, le temps et la France ont fait justice. Le peuple bon, si vite désabusé lorsqu'il voit à l'œuvre ses meilleurs et plus dévoués amis, se laissait malgré lui tromper par la calomnie, et trop souvent y répondait par ses clameurs. Et pendant que tout ce bruit, tous ces frémissements navraient l'Église d'amertume, un pauvre prêtre, caché dans les obscurités du sanctuaire, préparait par ses prières, ses macérations et ses larmes, une œuvre que des Princes de l'Église, et beaucoup de Diocèses désirent encore. Qui eut entré en 1839 dans l'église de Saint-Martin d'Avallon, eût pu voir entre le vestibule et l'autel, un jeune prêtre prosterné dans la plus profonde adoration, le cœur et le visage enflammés, mais eut-il soupçonné que ce jeune homme portait seul dans sa pensée le poids d'une communauté religieuse destinée à évangéliser nos peuples. Et pourtant les cris de son amour n'imploraient rien moins de son Dieu.

Ému de tant de dévouement, Notre Seigneur Jésus-Christ daigna se communiquer à lui, il le laissa comme autrefois saint Jean reposer sur sa poitrine, il toucha ses chastes lèvres, et lui dit : Va, fais mon œuvre, ma grâce sera dans ta bouche, et tes paroles auront une vertu toute puissante sur les âmes. Ah! c'était plus que le charbon ardent sur les lèvres d'Isaïe, et les communications de son bien-aimé firent à son cœur des blessures qui ne se fermèrent plus depuis. De ce jour, l'œuvre des missions fut décidée. Il redouble de prières, car la prière fut toujours l'unique levier de ses entreprises. Il confie son dessein à des ames choisies qui s'offrent à Dieu comme victimes : il en forme une ardente légion qu'il associe pour le succès de son œuvre sous le drapeau de la prière et du sacrifice. O spectacle digne des Anges! Au sein de l'indifférence et de la corruption, Dieu voyait dans l'ombre un immense mouvement d'amour ! On priait, on communiait, on mêlait le sang aux larmes, on appelait les lumières et le secours d'en haut par tous les cris du cœur. Pendant que sur la montagne de la prière, toutes ces mains pures se tendaient vers le ciel, le nouveau Moïse combattait des résistances opiniâtres, sans cesse il écrivait, il fatiguait de ses importunités Monseigneur de Cosnac de sainte mémoire. Le Prélat ne répondait que par des refus ou qu'en lui offrant des postes brillants qu'il a toujours détestés. Enfin, un vendredi, jour de la fête du sacré Cœur de Jésus, pour lequel il avait un si vif amour, qu'il lui consacra successivement ses deux Congrégations naissantes, il alla devant les saints Tabernacles, pria longtemps et revint enflammé d'amour. Il se mit à genoux devant son crucifix, et écrivit avec son cœur, avec le feu qui le brûlait, des lignes qui triomphèrent de toutes les résistances. En les lisant, le pieux Pontife pleura beaucoup, Dieu l'avait vaincu. Il répondit : Je ne résiste plus, partez. O berceau de nos saintes institutions, de combien de larmes vous avez été arrosé !

La nouvelle de ce départ projeté retentit comme un coup de foudre, on s'émeut, on s'alarme comme à la nouvelle d'une grande calamité, et notre jeune athlète rencontre des sacrifices qu'il n'avait pas encore connus. Vingt fois son vieux père vient à pied lui montrer ses larmes et ses mains tremblantes, et le briser du spectacle de sa douleur. Ces larmes qui partaient d'une source si haute et si sacrée pour lui, retombaient sur son cœur en pluie de fiel et de tribulations. Hélas ! on ne lui épargnait aucune de ces amertumes, dont les chrétiens eux-mêmes abreuvent quiconque veut se donner à Dieu entièrement ! Son dévouement mis à de telles épreuves ne fut pas un instant ébranlé ; un autre amour plus grand que toutes ces tendresses humaines, cicatrisait bien vite les plaies saignantes que laissaient à son cœur tant de liens brisés.

Un matin, il sort à l'improviste de sa maison, passe devant son église, traverse la ville, le cœur déchiré, mais inébranlable, le lendemain il était chez les Maristes de Lyon, agenouillé dans sa cellule. Son âme isolée se replia sur elle-même et sur l'espace parcouru, Dieu sembla se cacher pour le laisser seul mesurer du regard et du cœur, l'étendue de son sacrifice. Il entra dans une agonie, semblable à l'agonie des Oliviers. Il est dit que l'Homme-Dieu, après avoir appelé de ses vœux le baptême de sang qui devait racheter le monde se trouva noyé dans un océan de tristesse, de crainte et d'ennui lorsque sonna pour lui l'heure de l'expiation. Dieu permet les agonies pour les siens comme pour lui, à l'heure des grands sacrifices. Il les permit pour sainte Chantal, après qu'elle eût passé sur le corps de son fils : il les permit aussi pour notre nouvel athlète, qui se sentit pressé d'une angoisse indéfinissable. Ce ne fut qu'un orage d'un jour, il passa sur cette âme forte sans même la courber. La vie religieuse et apostolique, lui eut bientôt versé ses ivresses, et le captiva tellement, qu'il ne trouvait plus le courage de revenir sur notre terre, qui attendait pourtant sa parole et avait soif de ses sueurs. Du fond de sa cellule il regardait son entreprise : une congrégation à fonder sur une terre comme la nôtre! quelle tâche pour un homme! Il était si doux de rester dans le port, terme et repos de ses désirs, mais en restant ne reculerait-il pas devant un dévouement voulu de Dieu ? Il recourt à son arme ordinaire, il prie lui-même et met sa légion en prières. A toute heure des supplications, chaque jour des communions brûlantes implorent la lumière. Il consulte un homme de Dieu (1), et par sa bouche Dieu répond qu'il faut revenir.

Ce retour ne fut pas un des moindres sacrifices de cette vie perpétuellement immolée. Dieu semblait prendre à tâche de déraciner constamment son existence de la terre. Lorsque son cœur commençait à prendre racine, et qu'il lui était doux de penser que là serait son repos ; la voix de Dieu le réveillait soudain, le poussait en avant. Encore plus! il baissait la tête, et son dévouement répondait : Oui, Seigneur. Sa vie n'a été qu'une longue suite de départs, qui devinrent, en avançant, de plus en plus douloureux, le dernier seul a été joyeux pour lui, le suprême départ du tombeau. Besoin de se remuer, disait-on, besoin d'un cœur inconstant.... Non, M. F.. non mille fois, mais be-

(1) M. Vianay, curé d'Ars, en grand renom de sainteté dans le Diocèse de Lyon.

soin d'un cœur insatiable de sacrifices. Ah ! ne lui reprochons pas ce qui fait sa gloire et son bonheur. Tout le secret de sa sainteté consiste à avoir été entre les mains de Dieu un homme d'héroïque bonne volonté. Le juste juge n'a pas pu lui dire : Je vous ai appelé et vous n'avez pas voulu ! Il a toujours voulu, et se fût-il trompé sur la voix de Dieu, sur ses communications intimes, ses sacrifices n'en auraient pas moins de prix, et sa couronne n'en serait pas moins belle. Et d'ailleurs, M. F., croyez-le, il en coûte à tous de briser des liens chéris : toujours partir, c'est toujours mourir, on ne s'y habitue pas, et on peut y trouver jusqu'à la mort une ample moisson de sacrifices.

Avant de revenir inaugurer dans notre diocèse ses travaux apostoliques, il voulut accomplir un vœu doux et sacré ; il n'eut pas consenti à commencer une œuvre si difficile, sans aller à Rome, appeler sur elle et sur lui-même cette bénédiction du vicaire de Jésus-Christ, qui semble le baptême nécessaire à toutes les entreprises du zèle ! Quelle fut son émotion en entrant dans la ville éternelle, en courbant sa tête sous la main qui bénit l'univers, en fléchissant les genoux sur le seuil du tombeau des apôtres saint Pierre et saint Paul, d'où est parti et part chaque jour le salut du monde ! Son âme enthousiaste remporta de ce voyage des souvenirs ineffables qui semblaient encore avoir agrandi son intelligence et embrasé son cœur; il avait visité ces grands monuments qu'il aimait tant, il s'était assis sur ces ruines immortelles, et surtout il avait vénéré les reliques, le berceau et la tombe des plus grands saints de l'univers. Pour couronner toutes ces joies catholiques, il put offrir le saint sacrifice dans l'humble et à jamais sainte maison où le Verbe s'est fait chair, où Jésus-Christ a passé presque toute sa vie mortelle! Il ne se lassait pas de redire les émotions de ce pèlerinage dont le souvenir délicieux rayonna jusque sur ses derniers jours. Comme les saints, il aima toujours Rome, la sainte Église romaine, le saint Pontife romain; étranger aux dissensions, son cœur, comme tous les cœurs pieux inclinait toujours à accorder la plus grande autorité, la plus grande vénération possible au chef visible de l'Église, et quelques jours avant sa mort, il exprimait encore devant un évêque et une assemblée chrétienne, son filial et absolu dévouement au Pontife romain.

Il revint, l'âme rajeunie, le cœur plein et muni de la bénédiction qui porte bonheur. Un succès inespéré couronna ses premiers travaux, mais la tâche difficile était de fonder une famille religieuse, et de lui faire un foyer sur une terre qui ne comprenait pas, qui voulait à peine une telle institution. La résistance et les obstacles se dressent de toutes parts. Le saint Archevêque appréciait l'œuvre, il en voulait tous les sacrifices, mais il ne savait où l'asseoir. La célèbre abbaye de Pontigny offrait de grands souvenirs à faire revivre, quelques taches à effacer, une douce solitude protégée par le corps d'un grand Saint (1). Après mille difficultés vaincues, lorsque vint l'heure décisive, Monseigneur hésite et veut différer cette grave acquisition. Ce délai détruisait toutes les espérances. Notre jeune Apôtre se lève comme un Prophète, lui si humble et si doux, il tire de sa poitrine inspirée, des accents d'une véhémence qui, une heure après, lui semblaient l'illusion d'un songe. La grâce et l'inébranlable dévouement avaient de nouveau vaincu. Le lendemain, l'antique abbaye était rachetée, et rentrait avec ses ruines, ses malheurs, ses souvenirs et sa gloire entre des mains filiales qui essayèrent de fermer ses blessures.

Vous ne sauriez comprendre, M. F., tout ce qu'il y a de laborieux dans l'enfantement d'une famille religieuse, en des temps stériles comme les nôtres, où le plus intrépide désintéressement glane à peine quelques épis sur des terres ravagées. Saint Dominique, saint François d'Assise, saint Ignace moissonnaient à pleines mains l'ardente jeunesse de leur siècle fertile. Ces jours ne sont plus, les œuvres de zèle croissent lentement aujourd'hui, il faut s'y

(1) Saint Edme, archevêque de Cantorbéry (Angleterre), dont le corps repose dans l'église de Pontigny.

attendre, c'est moins la faute des hommes, que la faute d'un siècle où l'air que l'on respire semble fatal au dévouement.

Cependant, homme de Dieu, il continue sans précipitation mais, avec force et suavité, l'entreprise de Dieu. Pendant ses premières années d'apostolat, sa vie calme à la surface était d'une activité dévorante. O mon Dieu, vous qui voyez dans les ténèbres et entendez dans le silence les gémissements et les meurtrissures volontaires des saints, vous seul raconterez dignement au dernier jour, les immenses sacrifices et l'immense amour de votre très-aimé serviteur. Il priait, il bâtissait, il écrivait sa règle, il évangélisait, il jeûnait, il serrait ses reins dans des nœuds de fer, il portait un rude cilice, il couchait sur les planches, il passait des nuits entières en contemplation. Lorsqu'il était seul, et qu'il le pouvait sans se singulariser, il mangeait des racines et des légumes cuits à l'eau, il ne buvait plus de vin, il faisait ainsi l'apprentissage des austérités qui devaient être la base d'une nouvelle communauté. Rien ne pouvait assouvir sa soif de mortification, et cette soif sembla redoubler à ses derniers instants. Il voulait anéantir cette chair, dernière barrière entre son âme et son Dieu. Le jour de sa bienheureuse mort, Dieu lui envoya d'excessives souffrances, comme dernière épine à cette couronne mortelle qu'allait remplacer la couronne du ciel, et, au milieu de ces cruelles étreintes, il demandait, en grâce, à son gardien, qu'il flagellât ce pauvre corps qui allait se dissoudre.

Ce n'est pas de la sagesse humaine, je le sais, mais aussi je ne vous apporte pas ici les vaines leçons de la sagesse humaine, je vous raconte les folies de la Croix, les folies d'un amour qui l'a toujours poussé à verser son sang pour celui qu'il aimait.

De son côté Dieu ne se laissait pas vaincre en générosité, il l'inondait de grâces et de faveurs extraordinaires : il lui parlait avec la familiarité et la tendresse d'un ami. Dans un journal qu'il tenait de sa vie, qu'une pieuse indiscrétion a plus d'une fois surprise et que la mort a laissé entre nos mains, il notait les jours où lui arrivaient les plus ineffables transports et les plus vifs élans d'amour. Il était de temps en temps embrasé d'un si brûlant désir de s'immoler à Dieu, qu'il écrivait avec le sang de ses veines des actes de donation de lui-même à son Dieu, naïve satisfaction d'un amour qui ne sait plus comment épancher ses surabondantes effusions.

Toute cette charité envers Dieu n'était pas stérile pour les hommes, car qui aime Dieu, aime ses frères. Je ne dirai rien de sa charité pour les pauvres, pauvre lui-même toute sa vie, il ne pouvait donner que de son nécessaire, mais il donnait aveuglément jusqu'à l'oubli de lui-même. Nous avons pu entendre des hommes du peuple les plus dépourvus de la foi chrétienne s'écrier avec admiration : C'est ici qu'il a donné ses chaussures à un pauvre voyageur blessé ; c'est là qu'une autre fois il se dépouilla d'un de ses vêtements pour en couvrir un mendiant.

Mais ce sont là des œuvres de miséricorde qui marquent à peine dans sa vie ; elles s'effacent devant le dévouement d'une charité plus haute, de la charité des âmes que son cœur, élargi par l'amour de Jésus-Christ, embrassait toutes dans une égale et sincère tendresse ; aussi manque-t-il à des milliers d'hommes ; sa mort leur a laissé un vide immense, le vide d'un père, d'un ami absent. Tous ceux qui eurent recours à lui dans leurs détresses spirituelles, peuvent dire de lui ce que saint Paul disait de Jésus-Christ crucifié : *Il m'a aimé, il s'est livré pour moi.* Il se livrait, il se vendait pour les âmes immortelles et, selon ses propres paroles, dans les missions, il les achetait au prix que Dieu voulait. Il existe un pacte avec Dieu écrit de sa main, par lequel il se livre lui-même, et s'engage à maltraiter son corps en échange d'un certain nombre de pécheurs qu'il voulait absolument gagner à Dieu. Le soir, avant son sommeil bref et austère, il meurtrissait sa chair d'autant de flagellations que Dieu lui avait accordé de pécheurs. Pauvres âmes, achetées si cher, elles auraient fondu en larmes, si elle se fussent doutées du prix qu'elles coûtaient à celui qui s'immolait pour obtenir leur grâce ! Cette incommensurable charité respirait dans toutes ses prières, dans toutes ses paroles, dans toutes ses œuvres. Détruire le mal, allumer dans tous les cœurs l'amour de Dieu, qui n'est autre que l'amour sacré du bien, c'était le but de sa vie. Malheur à moi si je n'évangélise ! s'écriait-il avec saint Paul, et sa conviction plus d'une fois exprimée, c'est qu'il n'arriverait pas au ciel, s'il ne se dévouait sans réserve et sans mesure au salut de ses frères ; aussi le côté qui le séduisit dans le sacerdoce, c'est le dévouement aux âmes.

Plus tard, lorsqu'il fonda la congrégation de Pontigny, plus tard encore, dans la dernière œuvre qui a couronné sa vie et atteignit les limites du plus excessif dévouement, le grand mobile de cette suprême entreprise fut le dessein d'unir l'expiation à l'apostolat en faveur des âmes. La vie solitaire, pénitente et contemplative de la Trappe, de la Chartreuse, des Bénédictins, souriait à ses goûts de silence et de mortification, mais il n'en voulut jamais, parce que leur but principal et actif n'était pas le salut des âmes, et pourtant n'eût été l'amour de ses frères, il eût, dans une de ces retraites, choisi son tombeau.

Mais non, il ne le devait pas. Ce n'est pas en vain que Jésus-Christ avait mis sur ses lèvres cette magie, sur toute sa personne ces charmes inexprimables, dont chacun ressentait l'impression sans savoir pourquoi. Il eut le rare privilège d'être aimé de tous ceux qui l'ont rencontré, ne fût-ce qu'une fois sur la terre, de ceux même qui ne partageaient pas ses convictions religieuses. Il laissait dans le cœur une impression qui ramenait à lui, on l'attendait longtemps, on le cherchait loin, on le saisissait au passage, on était heureux de contempler son doux et bon visage. Les hommes les plus prévenus contre la religion, ces esprits étroits et chagrins, que la vue d'un prêtre irrite, sentaient tomber devant lui toutes leurs répulsions : ils l'aimaient, ils jouissaient de sa société, sa seule vue les réconciliait avec le bien, quelquefois même avec les pratiques religieuses. Les grands pécheurs, lorsque se levait le jour des remords et de la miséricorde, allaient le trouver au loin, et c'était dans son sein qu'ils voulaient déposer le fardeau de leur douleur et de leurs iniquités. Les âmes inquiètes, incertaines de leurs voies, le consultaient de toutes parts, recevaient une parole de ses lèvres comme une décision de Dieu, et comme le légitime apaisement de leurs craintes. Les âmes les plus avancées dans la perfection se sentaient pressées de lui communiquer leur conscience par un mystérieux attrait; elles allaient à lui par l'aspiration de leur piété, comme les aigles montent à la lumière et cherchent les hauteurs. Il marchait environné d'une atmosphère de paix céleste, et le parfum de Dieu semblait se répandre dans l'air autour de lui, tant on respirait de calme à l'ombre de son cœur. Il semblait qu'en entrant dans une maison, il apportait le salut, et plusieurs malades qu'il visita, prétendirent lui devoir la santé. Lorsqu'il revenait à sa famille religieuse après une absence, c'était comme si Dieu fut rentré. Jamais père n'aima plus tendrement les fils issus de son sang, qu'il n'aimait ses fils et ses frères issus du sang de Jésus-Christ. Il pourvoyait par lui-même et comme une mère non-seulement à leurs besoins, mais encore à leur délassement, à leur joie, à leur sommeil. Il comprenait que sa vocation était de se donner. Il était à tous, commun comme l'air et la lumière, populaire comme Dieu ; le bien de tous, il était au premier occupant. Un pauvre homme du peuple, un enfant, un serviteur était honoré comme les savants et les grands seigneurs de son amitié, de sa conversation, de ses lettres. On eût dit que Dieu se plaisait à le pousser à toute heure sur les divers chemins de nos villes, de nos villages, de nos hameaux, afin de le montrer sans cesse comme une prédication vivante à tant d'âmes avides de l'entendre, de l'entretenir, de le contempler. Ainsi ses jours étaient pleins, ses pas étaient bénis, ses voyages devenaient des bienfaits.

Cette inaltérable charité, sachons-le, n'est pas un fruit de la nature. Elle avait pris naissance dans le sacrifice de tout son être à Dieu et dans l'entière abnégation de lui-même. On sentait à son accent qu'il se méprisait sincèrement et se mettait au-dessous de tous, au service de tous, par conviction. Il disait qu'avec tant de misères et point de vertus, il lui était impossible d'avoir de l'orgueil. Jamais vie plus extraordinaire n'eut une apparence plus commune. Il la couvrait d'un voile si épais, que tout ce que je vous ai dit a été dérobé à ses oublis, à ses distractions, ou découvert après sa mort. Pénétré de son abjection, il se désoccupait de lui-même pour ne s'occuper que des autres; était-il livré au soin des âmes, au soin même de faire plaisir, il perdait le repos, le boire, le manger, et souvent il arrivait au soir sans avoir donné au corps la moindre réfection. Toujours égal et absorbé en Dieu, il n'apercevait pas les importunités et répondait à tous sans lassitude et sans dégoût.

Il y eut pourtant une ombre en sa vie, mais une ombre qui se perd dans la lumière de cette vie si sereine et si bonne. Il manqua d'une qualité que les hommes d'un mérite ordinaire peuvent posséder : je veux dire l'exactitude, c'était l'inconvénient de cette bonté qui se livre à tous, partout et toujours. Les hommes le prenaient, Dieu le prenait, il ne savait rien refuser ni à Dieu ni aux hommes. Lorsqu'il était pris de Dieu, au saint sacrifice, dans son action de grâces, ses prières, il oubliait la terre entière; lorsqu'il était pris des hommes, de la communication de leurs consciences, de leurs chagrins, de leurs malheurs, il oubliait de même le reste du monde : si vous vouliez l'engager à faire mille pas avec vous, selon le conseil de l'Évangile, il en faisait deux mille. Oh ! merci, mon Dieu, d'envoyer de tels hommes à l'humanité, à l'Église ! Que vous devez être bon, Seigneur, puisqu'une goutte de votre bonté tombée sur le front, sur le cœur d'une faible créature, en fait la joie du ciel, la joie et la providence de la terre.

Six ans de cette vie apostolique et sacrifiée, passèrent à Pontigny sur la tête du R. P. Muard, sans lui apporter le repos d'un but atteint et la satisfaction d'une destinée accomplie. Il faisait de visibles progrès dans la perfection, sans trouver ici le rassasiement de son zèle et le dernier mot du dévouement. Il lui manquait ces immenses austérités, qu'il rêva toujours, parce qu'il aimait Dieu et que l'immolation est la sœur de l'amour. D'autre part, Dieu ne laissait pas reposer son athlète, il le poussait, il le mûrissait vite, parce qu'il se proposait de le cueillir dans un âge prématuré.

Un jour qu'il revenait d'évangéliser un village voisin, le spectacle de l'indifférence, du sensualisme et de l'intérêt effréné qui dévorent les hommes, le frappa plus vivement, et une pensée qui lui semblait tombée du cœur de Jésus, l'absorba : Vous ne faites pas assez! Il faut que votre vie crie plus haut et contrebalance l'excès du sensualisme et de l'intérêt, par l'excès de la pénitence et de la pauvreté. Il répondit, comme toujours : Oui, Seigneur, si vous le voulez. Il vit son œuvre à cette lumière victorieuse de Dieu qui ne laisse ni ténèbres, ni doute. Il en traça, sans délai, comme sous l'inspiration divine, les premiers linéaments. C'était effroyable : il la regarda d'un œil calme et pourtant il se troubla au-dedans de lui-même. Il laissa au temps et à la grâce, ces deux grands maîtres des grandes œuvres le soin de mûrir une entreprise qu'il osait à peine confier : il lui en coûtait plus de la dévoiler qu'il ne lui en eût coûté d'avouer les plus grands crimes. Il prépara lentement ce projet, et le pesa comme tous ses graves desseins, pendant plusieurs années, devant Dieu. Après avoir longtemps prié et sollicité de toutes parts des prières, il se retira dans une autre Manrèze, et là, caché à tous autres regards qu'à ceux de Dieu, dans une retraite absolue, qu'il assaisonna de jeûnes, au pain et à l'eau et des plus rudes austérités, il montra à Dieu ses larmes et ses angoisses, et, lui offrant sa vie, il lui demanda en échange, la grâce de connaître sa volonté et le courage de l'accomplir. Dieu entendit les gémissements de son serviteur et lui fit comprendre qu'il demandait de lui les plus grands sacrifices qu'il fut possible à un homme de consommer. Vivre sur un rocher solitaire de pain, de légumes et d'eau pour le corps, de silence, de prières et d'abnégation pour l'âme, se vêtir grossièrement, coucher sur la dure, se lever la nuit, jeûner sans cesse, travailler des mains, renoncer à toute possession terrestre, étudier et reporter ensuite aux peuples la surabondance de charité et de science qu'une telle vie amasserait dans l'âme; tel était le spectacle écrasant, par lequel il fallait frapper, réveiller l'indifférence des peuples noyés dans la matière. Entreprendre seul une pareille œuvre, sans protection, sans ressource, s'exposer à la dérision des uns, à la résistance des autres, au dédain de tous, c'était plus que le martyre! Il fallait sacrifier, je ne dis pas la nature, mais jusqu'à ce respect de soi-même et de sa réputation, dernière fibre vive et presque légitime qui survit dans les cœurs le plus immolés. C'est ainsi, du moins, que son œuvre lui apparut dans sa retraite, et à cette vue, il entra pour la seconde fois en sa vie, dans une agonie telle qu'il s'écriait comme Jésus au jour du Calvaire : Mon Père, éloignez de moi ce calice, mon âme est triste jusqu'à la mort!... Je ne pourrai jamais le boire. Il meurtrit sa chair, il prie en vain ; le trouble augmente avec l'ennui; tellement que n'en pouvant plus, il lui semble qu'il va défaillir. Il se traîne à l'église, et sa foi vive lui montrant Jésus-Christ dans les saints Tabernacles, il va dans le trouble de la douleur, jusqu'à heurter à la porte de son céleste maître et ami, pour solliciter de lui, sinon une consolation, au moins une parole qui le fortifie.

Après ces heures d'orage, la tempête s'apaisa, la lumière revint et avec elle la paix ; le sacrifice était joyeusement consommé dans son cœur. Il quitterait l'œuvre de Pontigny, mais après l'avoir consolidée, et avec l'assurance inébranlable qu'édifiée par la volonté de Dieu, elle resterait debout sous sa protection. Ce fut le dernier grand sacrifice de sa vie, et nous savons que jamais séparation ne lui coûta davantage. Les pierres elles-mêmes de cette maison qu'il avait bâtie, semblaient élever la voix pour le retenir. Dans les autres séparations, le combat avait été entre l'égoïsme et le dévouement, la victoire ne balança pas et coûta moins cher : ici c'était le combat entre deux dévouements, le plus héroïque l'emporta, mais ce ne fût pas sans déchirements. Ah! M. F., dans la famille religieuse, comme dans la famille naturelle, il y a des mystères de tendresses, de douleurs, de joies et de départs dont le monde ne saurait comprendre ni l'allégresse, ni l'amertume. Comment eût-il quitté sans arroser de ses larmes, ses premiers fils et ses premiers amis d'apostolat, cette maison cimentée de ses sueurs, dans laquelle il avait mis ses plus belles années, ce cher berceau de notre vie religieuse, où nous avions versé nos premières larmes d'apôtre et contracté ensemble des liens plus purs et plus sacrés que ceux du sang, liens si forts que l'absence n'a pu les rompre et que la mort elle-même semble leur avoir donné une nouvelle consécration. O triste et joyeux départ! ô pleurs versées! ô héroïque sacrifice! combien vous dûtes peser pour le salut des âmes dans la balance de la miséricorde! L'heure de Dieu était arrivée, il se hâta d'obéir, et aux résistances filiales qui le conjuraient de différer au moins cette déchirante séparation; il répondait : Je dois me presser, j'ai quarante ans, les années passent vite. Il devait sitôt partir! Qui nous eût dit qu'en le perdant par l'absence, nous devions une seconde fois le perdre si promptement par la mort!

Pendant ces derniers et douloureux jours passés à Pontigny, sa figure s'était illuminée d'une ferveur inaccoutumée. Il y avait dans ses traits, lorsqu'il nous bénit une dernière fois sur le chemin de son exil volontaire, tant de sacrifice, tant de recueillement, tant de céleste abandon, que les yeux ne pouvaient le regarder sans se remplir de larmes. Il dirigeait de nouveau ses pas vers cette Rome, dont le souvenir, loin de s'effacer, n'avait fait que grandir dans son âme, mais cette fois, il n'y allait plus comme aux jours enthousiastes de la jeunesse pour en vénérer les reliques et en admirer les monuments. Tous les enthousiasmes de la terre s'étaient éteints au fond de son cœur, dans l'enthousiasme unique de la pénitence et du dévouement. Il allait chercher sur les lèvres de Pie IX, plus qu'une bénédiction, l'approbation de ses grands desseins. Il voulait demander aussi à cette terre, essentiellement catholique, la forme et l'esprit de sa vie nouvelle. Il partit à pied, le sac sur le dos, avec deux compagnons, comme le faisait au moyen-âge saint Dominique ou saint François, sans autre protection que Dieu, sans autre consolation que celle d'accomplir sa sainte volonté. Après un salut rapide donné en passant à Notre-Dame de Fourvières, et à Notre-Dame de la Garde, ils s'embarquèrent à Marseille. Allez, pèlerins de Dieu, allez! nos prières et nos vœux vous accompagnent, qu'un vent favorable enfle vos voiles, et que l'Étoile des mers guide votre vaisseau! Arrivés à Rome, ils cherchèrent vainement un asile religieux qui convînt à leur projet. Repoussés de toutes parts, ils entrèrent dans une église pour remercier Dieu de tous ces refus, ils récitèrent le *Te Deum*. Alors leur Père céleste, touché de tant de confiance, les prit tendrement par la main, et guida leurs pas incertains vers la solitude de Subiaco.

A quarante milles de Rome, dans une vallée profonde et sauvage qu'arrose l'Anio, se trouve la grotte célèbre, où saint Benoît, patriarche des cénobites, se réfugia contre les regards des hommes et écrivit sa Règle immortelle. Non loin de cette grotte, dans les plis de la colline se cache un modeste ermitage, suspendu, comme un nid d'aigle au flanc d'un rocher. Trois cellules, une chapelle taillée dans le roc, une source vive, un petit jardin, au-dessus de vos têtes, des rochers et le ciel d'Italie, sous vos pieds un abîme où murmure le torrent, et par-dessus les splendeurs de la nature, les splendeurs plus émouvantes de la grâce, la grande ombre et les traces séculaires de saint Benoît, qui avait reçu, en ce lieu, les promesses divines faites à son ordre ; les vestiges encore ineffacés de saint Laurent, qui avait habité ces cellules, enfin, mille souvenirs heureux du ciel et de la terre, tel est le délicieux asile que préparait la Providence à nos pèlerins. Elle ne pouvait ménager en aucun lieu de la terre un séjour qui sourît davantage à leur imagination, à leur piété et à leurs desseins. Nulle pensée du monde n'arrivait au désert ; seulement on voyait, à de rares intervalles, un Religieux du monastère voisin gravir les sinuosités de la montagne, pour apporter à ses nouveaux fils les conseils d'une longue sagesse gagnée au service de Dieu. A la lumière de ces conseils et sous l'inspiration d'en haut, notre heureux Cénobite prépara sa Règle, qui ne fut autre que celle de saint Benoît adaptée aux exigences de la vie apostolique. Sainte vallée de Subiaco, berceau d'une congrégation qui nous est si chère, mon cœur et mes lèvres vous devaient un souvenir! Ne vous ai-je pas visitée en des jours gravés dans ma mémoire! n'ai-je pas recherché dans votre solitude les vestiges de notre bien-aimé père! n'ai-je pas réveillé un instant les échos muets de l'ermitage abandonné! ne me suis-je pas agenouillé dans votre sanctuaire pour y prier, y parler à Dieu des amis absents. Cette vallée a gardé le souvenir de ses hôtes d'un jour, on les appelait les saints de France; ce sont les derniers saints qu'elle ait vus; leur mémoire y est bénie! Ils partirent trop tôt pour leur désir; le bruit de la révolution de Rome vint troubler la paix de leur retraite, et ils dûrent rapporter en France la bénédiction et les encouragements qu'ils reçurent rapidement à Gaëte de la bouche du Pontife exilé. Ils revinrent à pied, le plus souvent vivant d'aumône, couchant sur la terre et s'abreuvant avec joie des plus incroyables humiliations.

Le R. P. Muard revenu en France, touchait le terme de ses désirs. Une illustre famille dont le nom et les vertus appartiennent à la France, la famille de Chastellux saisit cette nouvelle occasion de continuer les traditions de bienfaisance et de piété, chez elle héréditaires, aussi bien que la noblesse du sang. Elle concéda généreusement dans ses forêts, comme eussent fait ses ancêtres au moyen âge, l'espace convenable au nouveau monastère. L'heureux fondateur, souriait d'avance au sauvage asile qu'il venait de choisir pour y cacher sa vie, lorsque Dieu, voulant le pousser à bout, soumit à une dernière épreuve la pureté de son dévouement.

Le choléra de 1849 sévissait, Dieu lui désigne une victime que, dans les prévisions de tous, le fléau devait respecter. En quelques heures, le R. P. fut aux portes du tombeau. En lui montrant de son lit de douleur cette terre promise à tant de vœux et préparée par tant de sacrifices, Dieu semblait lui dire : Tu ne l'habiteras point. Quelle épreuve pour un homme dans la plénitude de son âge, que celle de voir toutes les aspirations de sa vie et le fruit de ses immenses labeurs, anéantis en un moment ! Il sut qu'il allait mourir, que son œuvre mourait avec lui, et pas un nuage n'obscurcit la sérénité de son front. Héroïque comme Abraham, il voyait d'un œil calme périr l'Isaac de ses espérances et des promesses divines. Il inclina, avec douceur et humilité, son âme sous la main de Dieu, et sans un mot qui exprimât le moindre regret, il dit : Dieu voulait cette œuvre, mes péchés m'ont rendu indigne d'être l'instrument de ses miséricordes, que sa très-aimable volonté s'accomplisse! Il se reprochait de n'avoir rien fait en sa vie, il demanda qu'on lui apportât dans la sainte Eucharistie, l'objet de tout son amour, il donna trois petites images, le seul bien qu'il possédait sur la terre, aux heureuses personnes par lesquelles la Providence lui envoya ses tendres soins, et il s'étendit avec joie sur sa couche, pour mourir. Mais non, l'heure de la couronne n'était pas venue. Dieu était content; n'ayant pu trouver dans cette âme épurée un seul pli où se cachassent la nature et la volonté propre, il lui permit d'achever son œuvre.

Sa retraite monastique était bâtie, selon ses goûts, au milieu des bois, au bord d'un torrent, sur la pente d'un rocher solitaire et aux confins de trois diocèses. Il avait réuni là quelques âmes choisies de sa main, dont le monde n'était pas digne, et après l'heureux essai d'une Règle, la plus austère qui ait honoré l'Église : ils revêtirent ensemble l'habit religieux et prononcèrent des vœux perpétuels. O radieuse et sainte journée ! dont les émotions sont encore présentes à notre mémoire, où l'on vit cet homme vénérable, la tête rasée, le corps exténué, se prosterner par terre, dans la poussière d'une mort anticipée. Hélas ! pourquoi faut-il que vous ayiez été si promptement suivie par la triste réalité du tombeau qui l'a ravi à notre amour !

Pendant les quatre années que Dieu lui laissa sur la terre, il continuait, dans la plus vive joie, cette vie céleste dans laquelle il avait enfin touché le but suprême du dévouement et trouvé le repos. Aussi parlait-il avec effusion et sans cesse de son bonheur, et la paix de son visage faisait assez comprendre que la bouche parlait de l'abondance du cœur. Sous les larges plis de son habit monastique, il semblait plus vénérable encore et plus sacré, on le sentait plus voisin de Dieu, et on approchait de lui avec une confiance mêlée de respect, comme d'un sanctuaire. Lorsqu'au sortir du désert il traversait le monde, tout resplendissant de l'abnégation, de la pauvreté, de la charité de Jésus-Christ, son apparition réveillait en tous l'émulation du bien. On se reprochait sa propre faiblesse et sa lâcheté. Plusieurs, atteints de la sainte contagion du sacrifice, allaient se mettre à ses pieds et lui disaient : Immolez-moi, comme vous, à Jésus-Christ et au salut des âmes, vêtez-moi de votre bure, nourrissez-moi de votre pain grossier, je n'ai plus de famille, plus de bien, plus d'affection, plus de volonté... Et, puissance admirable de la charité ! il répandait de la suavité sur ces affreux renoncements, et leur donnait je ne sais quoi d'onctueux qui effrayait moins la nature.

Il continuait avec des succès et un zèle toujours croissants, ses travaux apostoliques. Il voyait tout ce qu'il avait semé dans sa vie fructifier autour de lui, les âmes se convertir, sa solitude se peupler de saints. Les deux sociétés qu'il avait fondées, encore peu nombreuses, mais solidement assises, multipliaient leurs travaux féconds, et chaque année, une récolte abondante attestait la bénédiction de Dieu sur ses œuvres, et lui promettait une vieillesse heureuse et consolée. Hélas! la vieillesse ne devait pas venir! Les austérités de sa vie, les ardeurs de son âme, ses incroyables travaux dévoraient à vue d'œil cette précieuse existence qui, à peine à son midi, se couronnait déjà des signes honorables de la vieillesse. Dieu le regardait avec amour, et lui fit plus d'une fois pressentir que la récompense viendrait bientôt. La sainte Vierge qu'il avait aimée d'enfance et dont il disait à la mort : L'éternité ne me suffirait pas pour la remercier dignement, la sainte Vierge attendait pour lui fermer les yeux, qu'il lui élevât un monument digne d'elle, dernier gage de son amour et dernier enchantement de sa chère solitude.

Maintenant tout était consommé. Il avait passé par tous les creusets et vaincu tous les obstacles. Homme de Dieu, homme du peuple, homme du

Diocèse, il avait été quatorze ans missionnaire; il avait exercé sous les plus simples et les plus modestes apparences une immense action; il avait forcé une terre stérile à lui enfanter des compagnons qu'il animait de son accent; il avait implanté sur notre sol un esprit et des œuvres qui lui survivront, pour la conversion et pour le plus grand bien des hommes; il avait naturalisé chez nous l'apostolat, il avait popularisé les missions, inconnues jusqu'à lui ou repoussées avec préjugés; il avait jeté au sein de nos pays un ferment de zèle qui se remue sourdement au fond de nombreuses paroisses; il avait contribué puissamment, par sa charité éclairée, au mouvement qui nous emporte vers des doctrines plus saines, moins étroites et plus utiles aux âmes; il avait ouvert plus largement la source des sacrements, et avait contribué pour sa part à la fréquence des communions, qui, de plus en plus, consolent l'Église et sanctifient ses enfants; enfin, il avait accompli la plus haute recommandation du maître; il avait été le flambeau placé sur la montagne, la lumière du monde et le sel de la terre.

Quelques jours avant sa mort, il accueillait, dans sa solitude, Monseigneur l'Évêque de Dijon, avec des paroles où respirait encore toute l'ardeur de sa jeunesse empreinte de je ne sais quoi de plus triste et de plus touchant. Il était beau d'entendre ces deux hommes, l'un prince de l'Église, revêtu de ses insignes augustes, l'autre, pauvre religieux couvert de son sac grossier et affaissé de labeurs, face à face aux pieds de la sainte Vierge, en présence du désert étonné et de l'assemblée ravie, échanger dans un sublime langage des sentiments du ciel. A leur voix également inspirée, les larmes coulaient, le ciel et la terre semblaient tressaillir. C'était le dernier éclair de cette vie qui allait s'éteindre, le dernier accent de ce cœur qui allait cesser de battre.

Dieu permit qu'il revînt visiter ses premiers enfants, qu'il aima toujours à l'égal de ses derniers venus, cette maison qu'il appelait toujours son cher Pontigny. Il nous bénit une dernière fois, le soir de la Pentecôte, nous ne devions plus le revoir qu'au ciel. Nous fûmes émus des ravages qu'avaient laissés sur ses traits, ses trop nombreux travaux et ses excessives austérités. Pauvre vieillard de quarante-cinq ans ! Il avait achevé sa vie avant le temps et mérité la couronne. Dieu regarda son visage creusé, sa tête blanchie, ses épaules courbées, sa chair brisée, son cœur consumé, il s'émut et il dit : C'est assez ! Il permit au temps de sonner, pour l'athlète vainqueur, l'heure de l'éternité ! Ah ! c'était assez pour le ciel, mais était-ce assez pour la terre, assez pour sa famille religieuse, assez pour l'Église, assez pour nos cœurs ! Nous avons tant besoin de saints... Pardonnez, ô mon Dieu, à notre juste douleur! nous ne voulons en toutes choses que vous louer et vous bénir ! Qu'eût-il fait de plus sur la terre? Il avait prodigué sa vie, il s'était hâté comme le messager qui porte une nouvelle pressée et qui doit repartir vîte! Ne regrettons rien de ses pieux excès ! Il s'est prodigué, il a bien fait ! Est-ce que Jésus-Christ ne s'est pas prodigué? Est-ce que saint François-Xavier, est-ce que saint François Régis, et mille autres amis de Dieu, ne se sont pas usés avant le temps, ne sont pas morts au milieu de leur carrière? Est-ce que la charité n'est pas un feu qui dévore la vie? Est-ce que l'amour de Dieu sait se borner et doit se borner? Est-ce qu'il n'y a plus les saintes Folies de la Croix? Est-ce qu'il ne faut pas de grandes victimes, comme contre-poids aux grandes iniquités du monde? Ne soyons pas trop sages de cette sagesse humaine qui veut tout mesurer à ses petites pensées! Ah! plutôt devant cette tombe éloquente, où il est descendu avec tant de joie, entre ses deux compagnons assidus, un extrême mépris de lui-même et un extrême amour de Dieu, venons, tous, venons prêtres, venons, peuple chrétien, venons apprendre que tout est vanité, excepté servir Dieu, qu'il n'y a de véritable gloire, de véritable bonheur que la sainteté. Il a cherché le mépris, il a renoncé à toutes les affections humaines, aux joies les plus légitimes de la famille, il a fui dans la solitude pour s'y envelopper d'oubli, de silence et d'abjection, il y a caché sa vie et son tombeau, et voilà que les populations éplorées, comme si Dieu les eût frappées dans leurs plus nécessaires tendresses, le pleurent et le poursuivent de leur amour jusque dans la mort, elles vont chercher à travers les rochers, sa tombe pauvre et solitaire, elles regardent de loin la terre nue qui recouvre celui qu'elles appellent leur saint et leur père, elles prient et s'en retournent ferventes et fortifiées. A la place de sa famille que nous ne voyons pas, parce que la mort la lui avait ravie, voilà que vous accourez de loin, prêtres et peuple, pour lui former une plus vaste et plus glorieuse famille. Vous pleurez sur lui, comme si vous étiez son père, sa mère, ses frères et ses sœurs ! Ah ! jamais père, jamais fils, jamais ami, jamais prince, fut-il plus regretté et honoré de plus émouvantes funérailles. On ne peut arrêter sur vos lèvres, les louanges et l'invocation, et lorsque j'essaie de balbutier avec mon cœur quelques mots de son éloge, loin de craindre un démenti, je sens que j'ai à répondre au reproche secret que chacun m'adresse dans son âme, de n'en avoir pas dit assez. Vous ne voyez comme insigne de ses dignités que l'habit qu'il portait le jour de son renoncement au monde, et voilà qu'on se dispute les fils de ses grossiers vêtements, et on se partage comme des trésors les taches de son sang. Sa mort retentit comme un malheur public, non moins éloquente que sa vie, elle ébranle les pécheurs, fortifie les justes et devient pour tous une source de grâces. Des milliers d'hommes, et des plus distingués, portent son deuil dans le secret de leur âme, et Monseigneur l'Archevêque, ce digne appréciateur de toutes les vertus et de tous les mérites, se sent frappé dans son diocèse comme d'une perte irréparable. Non content de pleurer ce fils de tant d'espérances, qu'il a toujours environné de ses bénédictions et de son amour, il a voulu, dans la personne de ce prêtre vénérable (1) si digne de le représenter et de comprendre sa douleur, s'associer à notre deuil et rehausser ces funèbres honneurs.

Recueillons-nous, avant de finir, non pas devant une tombe vide, mais devant le cœur même qui fut le sanctuaire de tant de dévouement et d'amour (2). Venez les premiers, vous, les Benjamins de son cœur, frères bien aimés qu'il laisse orphelins ; venez, ensuite, mes frères et mes pères dans le sacerdoce, qui avez été les compagnons de ses études, les témoins de ses vertus, les amis de sa vie ; venez, chrétiens fidèles qui l'avez connu, aimé, vénéré ; et nous, enfin, mes frères dans la vie religieuse, qui avons perdu deux fois par l'ab-

---

(1) M. l'abbé Roger, vicaire général.
(2) Le cœur du R. P. avait été apporté de son monastère de la Pierre-qui-Vire et déposé sur le Cénotaphe.

sence et par la mort un père qui nous était si cher, venons tous lui adresser cet adieu triste et doux à la fois, qui se partage entre les regrets et les espérances. Oui, recevez notre adieu solennel, ô Père vénéré ! l'honneur du sacerdoce, la gloire de l'Église, la couronne et l'orgueil de vos familles religieuses. Adieu ! cher inspirateur et compagnon de nos travaux : ne nous reprochez pas nos larmes, nous ne pleurons pas sur vous, nous pleurons sur nous-mêmes : hélas ! quel vide vous laissez dans nos rangs et dans nos cœurs ! Quand nous retournerons dans votre solitude, nous retrouverons d'autres vous-mêmes, mais vous n'y serez plus ! Vous ne reviendrez plus visiter cette retraite de Pontigny, qui garde des vestiges si nombreux et si touchants de votre passage ! Vous avez fini votre journée avant le soir, vous êtes parti le premier, c'est un avertissement qu'il faut nous hâter de travailler pendant qu'il fait jour, parce que la nuit bientôt va venir. Vous nous laissez de grands exemples que nous voulons mettre à profit, pour nous rendre comme vous, dignes de Dieu, notre père, et de l'Église, notre mère. Nous ne pourrons marcher que de loin, mais du moins nous marcherons avec bonne volonté, sur les traces aimables et saintes que nous venons de parcourir. Et vous, du haut du ciel, aimez-nous toujours et nous bénissez. Bénissez le diocèse que vous avez rempli de vos paroles et de vos vertus, bénissez et les brebis et les pasteurs; bénissez les fils que vous avez enfantés à Jésus-Christ, et de tous soyez à jamais l'ange gardien et le fidèle protecteur.

SENS. — IMP. DUCHEMIN.